# Chistes, colmos
# y tantanes
## para los pequeños

Colección
**Ópalo**

# Chistes, colmos y tantanes

## para los pequeños
de 1°, 2° y 3° de primaria

Selección
Gerardo Rodríguez Cardona

**EMU** *editores mexicanos unidos, s.a.*

D.R. © Editores Mexicanos Unidos, S. A.
Luis González Obregón 5-B, Col. Centro,
Cuauhtémoc, 06020, D. F.
Tels. 55 21 88 70 al 74
Fax: 55 12 85 16
editmusa@mail.internet.com.mx
www.editmusa.com.mx

*Coordinación editorial:*Mabel Laclau Miró
*Diseño de portada:*Carlos Varela
*Formación y corrección:*Equipo de producción de
Editores Mexicanos Unidos

Miembro de la Cámara Nacional
de la Industria Editorial. Reg. Núm. 115.

1ra edición: marzo de 2010

ISBN (título)      968-607-14-0269-1
ISBN (colección)   968-607-14-0260-8

Impreso en India
*Printed in India*

# Primero
# de primaria

# Chistes

Éste era un perrito
que se llamaba *Gomita*,
pero un día se rascó,
¡y se borró!

¿Sabes cuáles son los
animales más elásticos?
¡La ligartija, el hulefante
y el resorteronte!

Éste era otro perrito
que se llamaba *Resistol*,
y un día se cayó,
¡y se pegó!

Una ovejita le pregunta a su mamá:
— Mamá, ¿puedo ir a comprar?
Y la ovejita mamá le responde:
—¡Beeeeeeeeee, beeeeeeeeee, beeeeeeee!

Lalito le pregunta a Mary:
—¿Cuál es el animalito que tiene más dientes?
—No sé —responde Mary.
—Pues el ratoncito
—contesta Lalito.
Y Mary pregunta:
—¿Por qué?
Y su amiguito contesta:
—¡Pues porque se lleva
los de todos los niños!

Un perrito estaba enseñando
a leer a una ovejita, y le dijo:
— A ver, di la letra "A".
Y la ovejita contestó:
—¡Beeeeeeeee, beeeeeeeeeee, beeeeeeeee!
Entonces el perrito la corrigió:
—No, no, no. No se me adelante, primero es la "A" y
luego la "B".

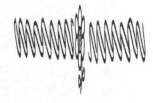

Un ratoncito se sube al
elevador, y el elevadorista
le pregunta:
—¿Qué piso ratoncito?
Y el ratoncito contesta:
—¡Mi colita, ay!

¿Por qué los elefantes
tienen arrugas?
¡Porque no saben planchar!

Pepito le pregunta a su mamá:
—¡Mamá, mamá!, ¿las naranjitas tienen patitas?
—No hijo, claro que no, ¿por qué dices eso?
—¡Ah caray, entonces exprimí un patito!

¿Qué le dijo la lechuga
al jitomate?
¡Nos vemos en la ensalada!

¿Qué le dijo un policía
a un gusano?
No tienes escapatoria,
¡ríndete, la manzana
está rodeada!

Un señor se encuentra
a su amigo en la calle
y le pregunta:
—Oye tú, ¿y qué haces
con esa jirafa en plena calle?
—Es que me la regalaron y
no sé qué hacer con ella.
Y el señor le contesta:
—¡Pues llévala al zoológico!
—¡De nada serviría!
—¿Cómo que no serviría de nada?
—No, porque ya la llevé al cine y al parque, ¡y nada la
divierte!

Estos eran dos globos
que iban paseando por
el desierto. En eso, uno
le dice al otro:
—¡Hey, cuidado con el cactus!
—¿Cuál cactussssssssssssssssssss?

Había una vez un
perrito que sólo tenía
tres patitas, *¡y un día fue
a hacer pipí y se cayó!*

Había una vez un gatito
que se llamaba *Chiste,*
pero un día se murió,
¡y se acabó el chiste!

¿Cómo sacarías a un
elefante de una alberca?
¡Pues mojado!

Un niño le dice a su papá:
—¡Papaaaaaaaaaaaaaaaá,
me comí la bocinaaaaaaaaaa
del estéreoooooooo!

¿Qué le dijo un
pescado a otro?
¡Huele a pescado!

¿Sabes cómo convertir a
un burro en burra?
Muy fácil, ¡lo metes en el
clóset hasta que se a-burra!

Pepito le dice a su mamá:
—¡Mamá, en la escuela me
dicen la motocicleta!
—Pero, ¿por qué te dicen así hijo?
Y Pepito contesta:
—No sé mamá, ¡pero quítate
que te atropello! ¡Ruuuuuuuuuun,
ruuuuuuuuun!

Rosita le dice a su mamá:
—¡Mamá, mamá!, ¿las
manzanas son transparentes?
—¡Claro que no hija!,
¿por qué dices eso?
Y Rosita contesta:
—¡Ouch!, entonces compré
un kilo de focos…

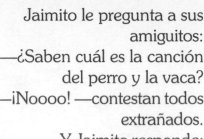

Jaimito le pregunta a sus
amiguitos:
—¿Saben cuál es la canción
del perro y la vaca?
—¡Noooo! —contestan todos
extrañados.
Y Jaimito responde:
—Pues una que dice:
"¡Mmuuuuuuuuuuuuuuuu, guau, guau,
guau, guau, mmuuuuuuu,
guau, guau, guau!".

¿Cómo se dice "niño
encuerado" en chino?
Chin chu calchón.

¿Qué le dijo la oreja
al ombligo?
¡Huy, no sirves para nada!

# Colmos

¿Cuál es el colmo de Hulk?
¡Que sus hijitos se le pongan
verdes de coraje!

¿Cuál es el colmo
de una foca?
¡Casarse con un foco!

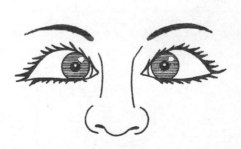

¿Cuál es el colmo de un ojo?
¡No poder ver al otro ojo!

¿Cuál es el colmo
de Pinocho?
¡Que su papá se
llame Pinueve!

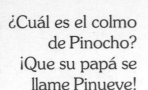

¿Cuál es el colmo
de un carpintero?
¡Que su hijo sea Pinocho!

¿Cuál es el colmo de
dos submarinos?
¡Que se los coman con leche!

¿Cuál es el colmo del Sol?
¡Estar muy grandote
y que no lo dejen salir
de noche!

¿Cuál es el colmo
de una mesa?
¡Tener patas y no
poder caminar!

¿Cuál es el colmo de un gato?
¡Perseguir al ratón de la
computadora!

¿Cuál es el colmo
de un fantasma?
¡Llevar una sábana
de colores!

¿Cuál es el colmo
de un bombero?
¡Tener un chorro de hijos!

¿Cuál es el colmo
de un médico?
¡Que su esposa
se llame Dolores!

¿Cuál es el colmo
de un cerdo?
¡Que de cumpleaños
le regalen un jamón!

¿Cuál es el colmo de
un bombero?
¡Llamarse Armando Fuegos!

¿Cuál es el colmo de una mula?
¡No poder ser futbolista aunque
dé muy buenas patadas!

¿Cuál es el colmo
de un gallo?
¡Tener plumas y no
poder escribir!

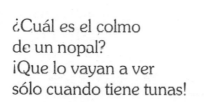

¿Cuál es el colmo
de un libro?
¡Que en otoño se le
caigan las hojas!

¿Cuál es el colmo
de un nopal?
¡Que lo vayan a ver
sólo cuando tiene tunas!

¿Cuál es el colmo
de una manzana?
¡Ponerse roja de la pena!

¿Cuál es el colmo de
un piloto de aviones?
¡No tener tiempo para
ir de vacaciones!

¿Cuál es el colmo
de la Cenicienta?
¡Que le crezca el pie
y ya no le quede el zapato!

¿Cuál es el colmo
de Pinocho?
¡Que le regalen un
muñeco de madera!

¿Cuál es el colmo
de la Bella Duemiente?
¡Que le regalen un despertador!

# Tantanes

Era una vaca tan, tan,
pero tan tonta,
que un día se comió un vidrio,
¡y la leche le salió cortada!

Era un atleta tan, tan,
pero tan lento,
que en una carrera corrió solo…
¡y quedó en segundo lugar!

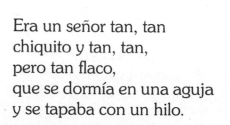

Era un señor tan, tan
chiquito y tan, tan,
pero tan flaco,
que se dormía en una aguja
y se tapaba con un hilo.

Era un tren tan, tan,
pero tan veloz,
¡que siempre llegaba a su destino
veinte minutos antes de
salir de la estación!

Era un charquito tan, tan,
pero tan seco,
¡que hasta las ranitas
llevaban sus botellitas de agua!

Era una mujer tan, tan,
pero tan limpia,
¡que se ponía a lavar
el azúcar morena
para que quedara blanca!

Era un señor tan, tan,
pero tan ahorrativo,
que para no comprar
corbatas se dejó crecer la barba.

Era un señor tan, tan,
pero tan amargado,
que cuando chupaba limón,
¡el limón era el
que hacía gestos!

Era un perro guardián tan, tan,
pero tan bravo,
que hasta sus dueños
¡tuvieron que cambiarse de casa
pues ni a ellos los dejaba entrar!

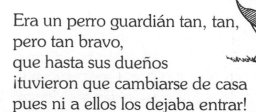

Era una señora tan, tan,
pero tan limpia,
que se lavaba las manos
antes de bañarse.

Era un caballo tan, tan,
pero tan perezoso,
que cuando le pusieron la
silla para montarlo
mejor se sentó en ella.

Era un tipo tan, tan,
pero tan presumido,
que se la pasaba diciendo:
"El día que nací yo
nacieron todas las flores".

Era un hombre tan, tan,
pero tan perezoso,
que se levantaba muy temprano
para así estar más tiempo
sin hacer nada.

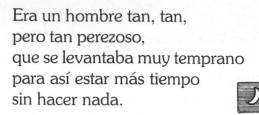

Era un policía tan, tan,
pero tan distraído,
¡que mandó poner una bañera
encima de su patrulla
para que la sirena tuviera
donde bañarse!

Era un señor tan, tan,
pero tan flojo,
que un día soñó
que había trabajado
y ¡amaneció cansado!

Era una señora tan, tan,
pero tan lenta,
que un día la pusieron
a cuidar una tortuga
¡y se le escapó!

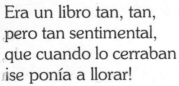

Era un libro tan, tan,
pero tan sentimental,
que cuando lo cerraban
¡se ponía a llorar!

Era un cocinero tan, tan,
pero tan regañón,
¡que hacía llorar a las cebollas!

# Segundo
# de primaria

# Chistes

Una vez iban dos campesinos
platicando, y uno
le pregunta al otro:
—Oye, ¿en tu pueblo con
qué agua se bañan?
—Pues con agua de lluvia,
¿por qué?
Y el amigo le dice:
—Con razón, ¡pues hueles a rayos!

En un concurso internacional de nombres cortos llegan
a la final un chino, un japonés y un mexicano.
Empieza el chino y dice:
—Ya gané, pues mi nombre es "O".
Pero el japonés se pone enfrente y dice:
—Momento, momento, el ganador soy yo, pues me
llamo "Casio" (casi "O").
Y cuando ya le iban a dar el premio, llega el mexicano
y dice:
—¡Aquí el ganador soy yo, porque me llamo "Nicasio"!
(ni casi "O").

¿Qué le dijo un huevo
estrellado a otro?
¡Juntos pero no revueltos!

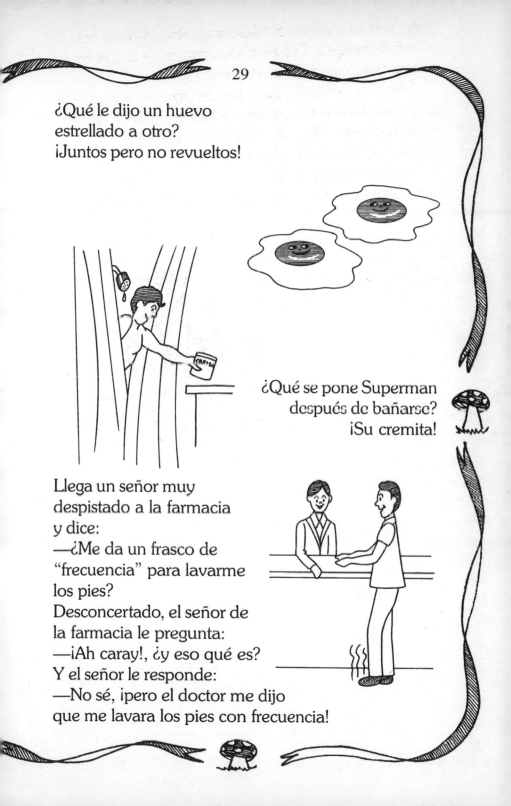

¿Qué se pone Superman
después de bañarse?
¡Su cremita!

Llega un señor muy
despistado a la farmacia
y dice:
—¿Me da un frasco de
"frecuencia" para lavarme
los pies?
Desconcertado, el señor de
la farmacia le pregunta:
—¡Ah caray!, ¿y eso qué es?
Y el señor le responde:
—No sé, ¡pero el doctor me dijo
que me lavara los pies con frecuencia!

Muy de noche suena el teléfono, y don Poncho casi dormido contesta. Del teléfono sale una voz tan rara que muy apenas se le entiende:

—¿Sa-sa-sa-b-b-e-e?, ¡yyy-aa ssé ha-ha-habl...ar!

Entonces don Poncho se enoja mucho y contesta:

—¡Yo también sé hablar y no ando haciendo bromitas a altas horas de la noche!

Y la voz extraña le dice:

—Sssí... pe-pe-pero yy-o ss-o-o-y u-u-n c-c-aball-llo...

¿Qué es un bastón?
¡Un paraguas sin vestido!

Había una vez una fiesta de puros **ceros**, y **para** evitar
que cualquier otro número entrara, **un** cero se colocó
en la puerta. En eso llega un 8 y quiere pasar, pero el
guardia se lo impide y le dice:
—¿Qué no ves que es una fiesta para puros ceros?
Pero como el 8 tenía muchas ganas de entrar le responde:
—¡Yo soy un cero, lo que pasa es que el cinturón me
queda muy apretado!

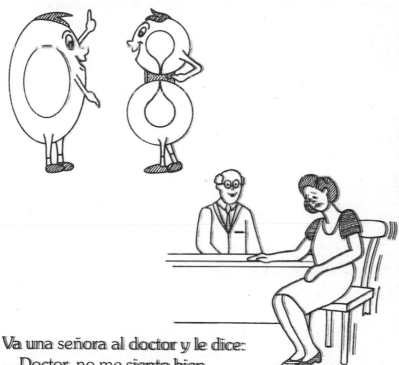

Va una señora al doctor y le dice:
—Doctor, no me siento bien.
Y el doctor le contesta:
—No se preocupe, lo que pasa
es que le falta una pata a la silla.

Una vez en un pueblo del viejo Oeste llega un vaquero muy enojado a la cantina y grita con todas sus fuerzas:

—¿Puedo saber quién pintó mi caballo de verde?

Entonces se levanta de una mesa un fortachón como de dos metros de alto con un tremendo par de pistolas y le contesta:

—Yo fui, mi amigo, ¿algún problema?

Y el vaquero con voz muy suavecita contesta:

—¿Y no podría echarle otra manita para que quede bien pintado?

¿Qué le dijo una pared a la otra?
¡Nos vemos en la esquina!

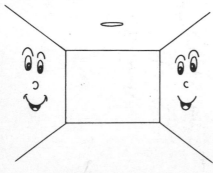

Había una vez un señor al que sólo le gustaba molestar a los demás, y por eso fue a donde estaban solicitando un trabajador.

—¿Habla usted algún idioma aparte del español? ¿Sabe usar computadora?

—No, claro que no —contesta el señor.

Un poco enojado, el señor del empleo le pregunta:

—¿Entonces a qué vino usted, mi amigo?

—¡Pues a decirles que no cuenten conmigo!

Llega un soldado muy angustiado y le dice a su jefe:

—¡Capitán, capitán, perdimos la guerra!

Y el capitán le contesta:

—¡Pues búsquenla!

¿Qué hace un pato
con una pata?
¡Caminar chueco!

¿Qué le dijo un árbol a otro?
¡Ponte tu impermeable
que ahí viene un perro!

Una niña le pregunta
a su mamá:
—Mamá, ¿las escuelas
son peligrosas?
—No, hija, claro que no,
¿por qué dices eso? —le pregunta extrañada.
—Es que cada que paso por una,
antes hay un letrero que claramente dice:
¡Cuidado, escuela!

Un paciente le dice a su doctor:
—¡Doctor, doctor, me siento mal!
Y el doctor le contestó:
—No se preocupe, siéntese bien.

¿Cuál es la época favorita
de las vacas?
¡Las vacaciones!

¿En qué se parece una torre y una pulga?
¡En que la torre es alta y la pulga salta!

En el consultorio
el paciente le dice
angustiado al doctor:
—¡Doctor, doctor,
tengo un hueso fuera!
Y el doctor contesta:
—No se preocupe,
¡hágalo pasar!

Una mamá, muy orgullosa,
le dice a otra:
—La maestra de mi hijo
hizo una pregunta en el salón.
—¿Y? —preguntó la otra mujer.
—¡Pues que mi hijo fue el
único que la contestó!
La mujer se queda impresionada
y pregunta:
—¿Ah sí?, ¿y qué preguntó la maestra?
La orgullosa mamá contesta:
—La maestra preguntó:
"¿Quién no hizo la tarea?"

Llega Rosita con su papá y
le da la boleta con puras
malas calificaciones.
Entonces su papá muy enojado le dice:
—¡Esto merece una golpiza!
Y Rosita muy *salsa* le dice:
—Sí papá, vamos, ¡yo sé dónde
vive la maestra!

¿Qué le dijo un poste
a otro poste?
¡El que se acueste al
último apaga la luz!

¿Cuántos pelos tiene
un gato?
¡Cin-cuenta!

¿Qué le dijo un cable
a otro cable?
¡Somos "Los Intocables"!

Una mujer le dice a otra:
—Doctora, creo que necesito lentes.
Y la señora le contesta:
—Pues yo creo que sí, señora,
porque ni soy doctora,
¡y esto es una cafetería!

Primer acto: Pasa una tina rodando.
Segundo acto: Pasa la misma tina
rodando.
Tercer acto: La tina choca.
¿Cómo se llamó la obra?
¡Chocolatina!

Le dice Tarzán a un ratoncito:
—¡Tan chiquito y con bigote!
Y el ratoncito le responde:
—¡Tan grandote y con pañal!

Suena el teléfono.
—Hola, ¿Conchita?
Y la voz responde:
—No, con Tarzán.

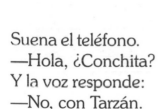

Un amigo le dice,
desconsolado, a otro:
—Fíjate que mi hijo se siente
como pez en el agua
en su nuevo trabajo.
—¿Ah sí?, ¿y qué hace tú?
Acongojado, su amigo
le responde:
—Nada, nada, nada, nada.

Agustín le pregunta a Juanito:
—¿En qué se parecen, un pañuelo,
una servilleta y una tlapalería?
—No, la verdad no sé.
¿En qué se parecen?
—En que el pañuelo
y la servilleta sirven para limpiar.
Y Juanito pregunta desconcertado:
—¿Y la tlapalería?
—Ah, pues mira, te sigues derecho
como tres cuadras, y luego das
vuelta a la derecha, ¡y ya llegaste
a la tlapalería!

¿Por qué está triste
la estrella?
¡Porque se estrelló
y ni carro tiene!

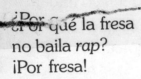

¿Por qué la fresa
no baila *rap*?
¡Por fresa!

Éste era un ciempiés que estaba
tomándose un cafecito en un restaurancito.
En eso pasa una ciempiés y el ciempiés le dice:
—¡Qué bonitas piernas, qué bonitas piernas,
qué bonitas piernas, qué bonitas piernas,
qué bonitas piernas, qué bonitas piernas…!

Entran dos niños al salón de clases,
y la maestra le dice a uno:
—Dime, Lalito, ¿por qué llegas tarde a clases?
Y Lalito le contesta:
— Maestra, es que estaba soñando
que viajaba por todo el mundo.
La maestra suspira incrédula, y le pregunta al otro:
—Y tú, ¿por qué llegaste tarde también?
Y el niño le contesta:
—Bueno maestra, es que yo fui a
esperarlo al aeropuerto.

Una niñita pregunta
en la paletería:
—¿Tiene paletas de coco?
—Sí —le contesta el señor paletero.
Y la niña le dice:
—¡Uy, qué miedo!

¿Qué le dijo la
playa al mar?
¡Huy, tan grandote
y siempre mojado!

Va un pollito y le dice
a un puerquito.
—Lo siento, puerquito,
mañana te van a matar.
Y el puerquito pregunta
angustiado:
—¡Pero por qué dices eso!
—Es que oí que el granjero
le dijo a su esposa:
"Mañana le das 'chicharrón'
al pollito".

¿Qué país cabe en
una tortilla?
¡Chile!

Un señor va al doctor y se queja:
—¡Doctor, me duele mucho
mi brazo!
Y el doctor le contesta:
—No se preocupe, es por la edad.
Y el señor le dice:
—No lo creo, doctor, ¡el otro
brazo tiene la misma edad y no me duele!

Un día va la hormiguita al cine,
pero el elefante no la dejaba ver,
pues estaba sentado justo en la fila siguiente.
—¡Ahora es mi turno, ya verás!
—¡Largo! dijo la hormiguita muy enojada.
Entonces la hormiguita va y se sienta en una silla de la
fila que sigue, enfrente del elefante.
—¡Ah, verdad!, ¡para que veas lo que se siente!

Suena el teléfono a las dos
de la mañana.
—¿La familia Silva? —pregunta
la voz por teléfono.
Y el señor todo acongojado
contesta:
—No, la familia duerme…

Le dijo un pollito a otro:
—¿Sabes cuál es el pollito
más bonito?
—No —contestó el pollito.
Y el primer pollito dijo:
—¡Po-yo!

¿Cuál es el país que
se puede tomar?
¡Jamaica!

¿Cuál es el poema
del pollito?
¡El pollema!

¿Qué hace un
caballo en el sol?
¡Pues hace sombra!

¿Cómo se llama el pobre
más pobre de China?
¡Chinun chentavo!

¿Cuál es el miedo
de la televisión?
¡Que la prendan con un
cerillo y la apaguen con agua!

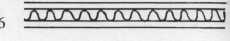

¿Qué le dijo el azúcar
a la sal?
¡No me junto contigo
por salada!

# Colmos

¿Cuál es el colmo
de un jardinero?
¡Que sus hijas se llamen Rosa,
Margarita y Dalia y que sus
novios las dejen plantadas!

¿Cuál es el colmo
de Aladino?
¡Tener mal genio!

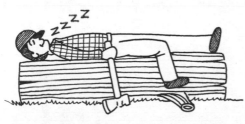

¿Cuál es el colmo
de un leñador?
¡Dormir como un tronco!

¿Cuál es el colmo
de un pastelero?
¡Ser un amargado!

¿Cuál es el colmo
de un gallo?
¡Que se sienta la mamá
de los pollitos!

¿Cuál es el colmo
de un cocinero?
¡Estar a dieta!

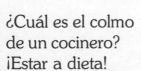

¿Cuál es el colmo
más pequeño?
¡El colmillo!

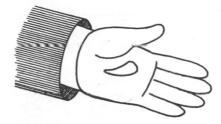

¿Cuál es el colmo
de una vaca?
¡Que le guste más
el futbol que los toros!

¿Cuál es el colmo
de un médico?
¡Apellidarse Mata Lozano!

¿Cuál es el colmo
de un coco?
¡Que un niño lo amenace
diciéndole que se lo va a comer!

¿Cuál es el colmo
de un caballo?
¡Tener silla y no
poder sentarse!

¿Cuál es el colmo
de un chino?
¡Ser lacio!

¿Cuál es el colmo
de un muñeco de nieve?
¡Derretirse de amor!

¿Cuál es el colmo
de un esqueleto?
¡Tener de mascota
a un perro hambriento!

¿Cuál es el colmo
de un oso panda?
¡Que aunque le saquen
fotos a colores siempre
sale en blanco y negro!

¿Cuál es el colmo
de un astronauta?
¡Quedarse sin espacio!

¿Cuál es el colmo
de un gallo?
¡Que se le ponga
la carne de gallina!

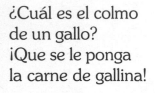

¿Cuál es el colmo
de un sastre?
¡Que su hijo sea
botones de un hotel!

¿Cuál es el colmo
de una rosca de reyes?
¡Tener muñequitos y no
poder jugar con ellos!

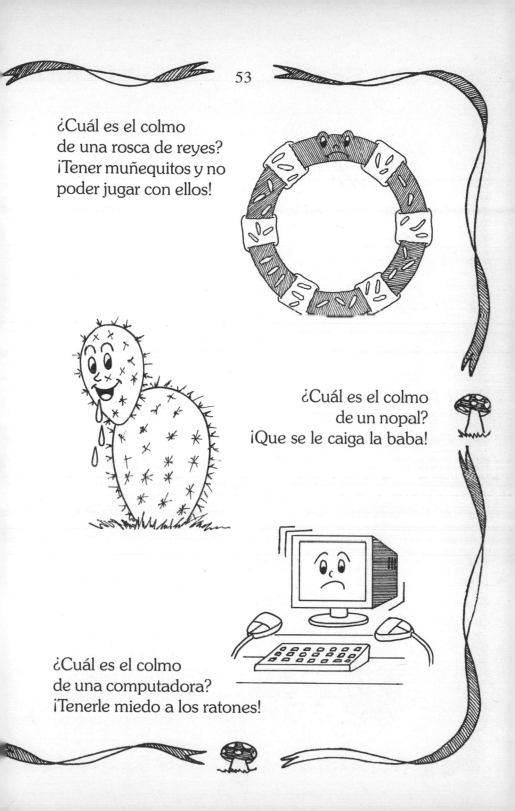

¿Cuál es el colmo
de un nopal?
¡Que se le caiga la baba!

¿Cuál es el colmo
de una computadora?
¡Tenerle miedo a los ratones!

¿Cuál es el colmo
de un pez?
¡No saber nadar!

¿Cuál es el colmo
de un astronauta?
¡Que una estrella no
quiera darle un autógrafo!

¿Cuál es el colmo
de un panadero?
¡Que su esposa se
llame Concha!

¿Cuál es el colmo
de un astronauta?
¡Que aunque no le
peguen siempre ve estrellitas!

¿Cuál es el colmo
del planeta Saturno?
¡Tener anillos y no poder
ponérselos!

¿Cuál es el colmo
de un chapulín?
¡Tener antenas y no
poder ver la televisión!

¿Cuál es el colmo
de una jirafa?
¡Que cuando le duele
la garganta no haya una
bufanda grande
para taparse!

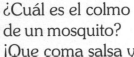

¿Cuál es el colmo
de un mosquito?
¡Que coma salsa y le pique!

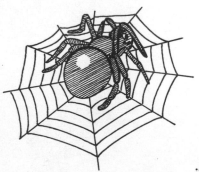

¿Cuál es el colmo
de una araña?
¡Tejer mucho y no poder
hacerse un suéter!

¿Cuál es el colmo
de una caracolita?
¡Llamarse "Conchita"!

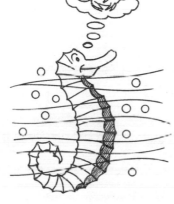

¿Cuál es el colmo
de un caballito de mar?
¡No poder correr
en el hipódromo!

¿Cuál es el colmo
de una palomita?
¡Ir a la escuela y sacar
puros taches!

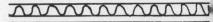

¿Cuál es el colmo
de un "pájaro carpintero"?
¡No tener muebles de
madera en su casa!

¿Cuál es el colmo
de un borreguito?
¡No poder contar borreguitos
cuando no puede dormir!

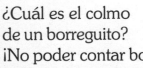

¿Cuál es el colmo
de un barco?
¡Tener velas y dormir
a oscuras!

¿Cuál es el colmo
de una higuera?
¡Tener muchos higos
y no poder mandarlos
a la escuela!

¿Cuál es el colmo
de un basquetbolista?
¡Hacer muchas canastas
y no poder venderlas en
el mercado!

# Tantanes

Era un pavo tan, tan,
pero tan ingenuo,
¡que siempre celebraba
la Navidad!

Era un señor tan, tan,
pero tan alto, que si se
tropezaba el martes,
¡caía al suelo hasta el domingo!

Era un hombre tan, tan,
pero tan alto,
que en lugar
de cumplir años
¡cumplía metros!

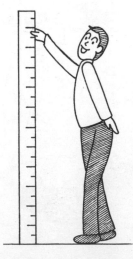

Era un poeta tan, tan,
pero tan sentimental,
que a su novia le escribía
cartas en papel cebolla
¡para hacerla llorar!

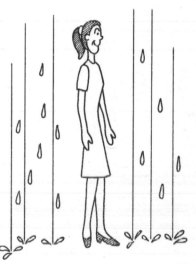

Era una señora tan, tan,
pero tan delgada,
¡que cuando llovía
no se mojaba!

Era un hombre que se
sentía tan, tan,
pero tan mexicano,
¡que cuando le daba
tos tomaba jarabe tapatío!

Era un señor tan, tan,
pero tan distraído,
que un día le dieron
trabajo de planta ¡y se
metió a una maceta!

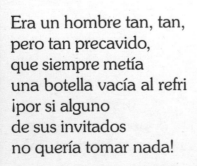

Era una señora tan, tan,
pero tan alta, que en vez de
tomar el café con sus amiguitas,
¡lo tomaba con las nubes!

Era un hombre tan, tan,
pero tan precavido,
que siempre metía
una botella vacía al refri
¡por si alguno
de sus invitados
no quería tomar nada!

Era un pueblo tan, tan,
pero tan distraído,
que iban en grupo al doctor,
pues en los consultorios decía:
"Consultas de 10 a 12".

Era un señor tan, tan,
pero tan malo para las matemáticas,
que ni siquiera sabía escribir
el número 22,
¡pues no sabía qué
2 iba primero!

Era una mujer tan, tan,
pero tan mona,
¡que la gente le aventaba
cacahuates para que se los comiera!

Era un millonario tan, tan,
pero tan espléndido,
que mandó hacer
tres albercas en su casa:
la del agua caliente,
la del agua tibia, y la vacía,
¡por si algunos de sus
invitados no sabían nadar!

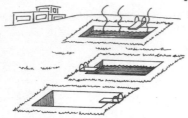

Era un niño tan, tan,
pero tan burro,
que su mamá
tuvo que ponerle este letrero
en los zapatos: "Los calcetines
se ponen primero".

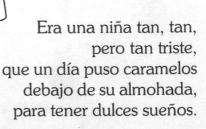

Era una niña tan, tan,
pero tan triste,
que un día puso caramelos
debajo de su almohada,
para tener dulces sueños.

Era un príncipe tan, tan,
pero tan feo,
que la Cenicienta
en lugar de irse a las
doce de la noche,
¡se fue a las diez!

Era un señor tan, tan,
pero tan chiquito,
¡que para bajar los escalones
tenía que usar paracaídas!

Era un hombre tan, tan,
pero tan flojo,
que el día que ganó
un concurso de flojos,
¡pidió que le mandaran
el premio a su casa!

Era un cazador con tan, tan,
pero con tan mala suerte,
¡que los patos le
disparaban a él!

Era una célula tan, tan,
pero tan moderna,
¡que siempre les hablaba
a sus amiguitas por celular!

Era un panadero con tan, tan,
pero con tan mala suerte,
¡que siempre le iba del cocol!

# Tercero
# de primaria

# Chistes

Lalito y Kike andaban por el campo, cuando de pronto vieron que un toro iba a toda prisa contra ellos. Para evitar el ataque del toro, Lalito se subió a un árbol y Kike se metió a un gran agujero en el suelo. Entonces el toro pasó y no pudo atacarlos. Pero Kike de pronto salió del agujero y entonces el toro lo vio y se echó a correr hacia él. Sin comprender lo que hacía su amiguito, Lalito le grita desde el árbol:

—¿Por qué te saliste del agujero, sonso?

Y Kike responde:

—¡Es que adentro había un oso muy grande!

Un niñito le pide dinero a su tacaño papá.
—¡Papá, papá!, ¿me das tres pesos?
Y el papá le dice:
—¡Cómo no, m'hijito, ahí le van!
Y cuando el niñito puso la mano para recibir el dinero,
el papá le dice:
—¡Peso mosca, peso paja y peso gallo!

Desconsolada, una niñita va con su mamá,
y llorando le pregunta:
—¡Mamá, mamá!, ¿por qué en la escuela
me dicen "la mentirosa"?
Y su mamá le contesta:
—¡Ay hija, pero tú ni siquiera vas a la escuela!

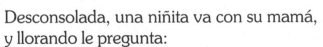

¿Qué le dijo la nube
a un rascacielos?
¡Agáchate que me
haces cosquillas!

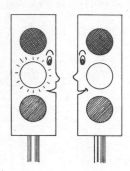

Estos eran dos semáforos,
y uno le dice al otro:
—¡No me veas porque
me estoy cambiando!

Este era un semáforo que se
sentía muy galán,
y le dijo a otro semáforo:
—¿Ya viste que aquella semaforita
no deja de hacerme guiños?

¿Por qué será que "separado"
se escribe todo junto y "todo junto"
se escribe separado?

Entra un hombre a un café y empieza a gritar:
—¡Salgan, salgan todos!
Entonces va un mesero y extrañado le pregunta:
—¡Oiga, qué le pasa, por qué le pide a la gente
que se salga!
Y el señor le contesta:
—Es que el doctor me dijo que me tomara el café solo.

—Pero Manuelito, ¿cómo vas a escribir
con esa pluma si ni tinta tiene?
Y Manuelito responde:
—No importa mamá, al cabo que
es una carta secreta.

Un caníbal viaja en avión. Entonces la azafata se le acerca y le dice:

—Disculpe señor caníbal, ¿desea ver el menú?

Y el caníbal contesta:

—No, no, mejor tráigame la lista de pasajeros.

Un día iba un caracol caminando por la calle, cuando… ¡zas!, que atropella a una tortuga, y los dos fueron a dar al hospital.

—¡Pero cómo sucedió! –pregunta desconcertado el doctor castor.

Y el caracolito contesta:

—No sé, doctor, ¡todo fue tan rápido!

Un murciélago se encuentra de pronto a otro
murciélago y sorprendido le pregunta:
—¡Oye, de dónde sacaste tanta sangre!
El otro murciélago le contesta compungido:
—¿Ves aquella pared?
—¡Claro que la veo! —le contestó su amiguito.
Y el murciélago ensangrentado le dijo:
—Pues yo no la vi…

Un día Pepito estaba estudiando geografía,
y le preguntó a su papá, que estaba viendo el fut:
—Papá, ¿dónde está el Everest?
Y su papá muy fresco le contesta:
—No sé hijo, pero preguntale a tu mamá, ¡ella es la
que siempre guarda todo!

Un niño va a quejarse con su papá:
—¡Papá, papá, tres niños me golpearon en la escuela!
Muy enojado el papá le dice:
—¿Y te has vengado, hijo?
Y el niño contesta:
—Sí papá, ¡si no me vengo me matan!

Una vez un grupo de niñas y niños fueron de paseo a un parque de diversiones y entraron a la Casa del Terror. Entonces una niñita se perdió del grupo y de repente se encontró a Drácula. La niñita temblaba de miedo. El vampiro le dice:
—¿Te doy miedo?
Y la niñita le contesta:
—No gracias, ¡ya tengo mucho!

Le dice un amigo a otro:
—Oye, ¿te gustan los toros?
Y el amigo responde:
—¡Claro que sí!
Y el otro responde:
—¡Uy , pues serás vaca!

¿Cuál es la única letra
que se come?
¡Pues la g-latina!

Suena el teléfono en una casa
y se escucha una voz que dice:
—Disculpe, ¿está Armando?
Y el señor que contesta responde:
—No, apenas voy a leer las instrucciones.

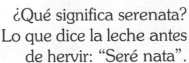

¿Qué significa serenata?
Lo que dice la leche antes
de hervir: "Seré nata".

¿Por qué el mar es azul?
Porque los pececitos hacen "blu, blu, blu".

**Nota:** azul en inglés se escribe
"blue", pero se pronuncia "blu".

¿Cómo se dice champú
en africano?
¡Mata-piojo!

El argentino más argentino
del mundo le dice a un amigo:
Primer acto: Yo
Segundo acto: Yo
Tercer acto: Yo
Cuarto acto: Yo
Quinto acto: Yo
Sexto acto: Yo
Séptimo acto: Yo
¿Cómo se *shamó* la obra? —pregunta.
—No sé —contesta el amigo.
Y el argentino más argentino del mundo contesta:
—¡Las siete *maravishas* del muuundo, piiibe!

La señora le pregunta a su esposo:
—¿Y qué te dio el doctor para levantarte temprano?
Y el señor todo compungido contesta:
—Un despertador…

Va Rosita y le pregunta a su maestra:
—Maestra, ¿usted me regañaría por algo que no hice?
Y la maestra le contesta:
—¡Pero claro que no, Rosita!
Y Rosita suspira aliviada:
—¡Uf, menos mal, porque no hice la tarea!

Primer acto: Sale un señor y les dice a unos niños que lo molestan: "¡Ah, niños!".

Segundo acto: Sale el mismo señor y les dice a unos niños que lo molestan: "¡Ah, niños!".

Tercer acto: Sale el mismo señor y les dice a unos niños que lo molestan: "¡Ah, niños!".

¿Cómo se llamó la obra?

¡El señor de los "¡Ah, niños!".

¿En qué se parecen una niñita que tirita de frío y una serpentina? En que la niñita tirita de frío, y la serpentina tirita de papel.

El profe le pregunta a Rodolfito:

—A ver, Rodolfito, ¿cuánto es 4×4?

Y el niño responde:

—Empate, maestro.

—¿Y 2×1? —vuelve a preguntar el profe.

—Sin duda, maestro, ¡esa es oferta!

Tavito le pregunta a Pepe:

—¿Viste el apagón tan terrible de anoche?

Y Pepe contesta:

—No, en mi casa no había luz.

¿Cómo se dice "pelo sucio"
en chino?
¡Chin chu champú!

Gerardito le dice a su mamá:
—Mamá, ¿cuál es el día de mi nacimiento?
La mamá contesta:
—El 5 de noviembre, hijo.
Y Gerardito le dice sorprendido:
—¡Qué coincidencia, es el mismo
día de mi cumpleaños!

La maestra le pregunta a Estelita:
—A ver niña, ¿qué me puedes
decir de la muerte de Pancho Villa?
Y Estelita contesta:
—Que lo siento mucho, maestra.

En la calle un señor le pregunta a otro:

—Oiga, ¿sabe dónde está la calle "Campana"?

Y el señor responde:

—No, no, pero me suena, me suena…

Estaban dos niños discutiendo acaloradamente y uno le dice al otro:

—No se dice "yo no sabo", se dice "yo no sepo".

Y el otro contesta:

—¡No, no! No se dice "yo no sepo", se dice "yo no sabo".

En eso un señor que pasaba por ahí, los escucha y les dice:

—No niños, no se dice de ninguna de las dos maneras.

—¿Entonces cómo se dice? —le preguntan al mismo tiempo los niños.

Y el señor muy orgulloso les dice:

—"Yo no sé".

Entonces los niños le dicen muy molestos:

—¡Y si no sabe para qué se mete!

# Colmos

¿Cuál es el colmo de un piloto aviador?
¡Que hasta su esposa lo mande a volar!

¿Cuál es el colmo de un electricista?
¡Que su esposa se llame Luz
y que sus hijos no le sigan la corriente!

¿Cuál es el colmo de un cazador?
¡Que lo casen en el registro civil!

¿Cuál es el colmo de un relojero?
¡No tener tiempo para nada!

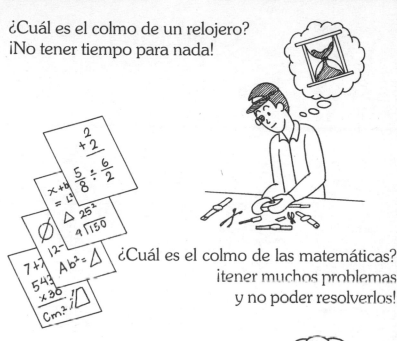

¿Cuál es el colmo de las matemáticas?
¡tener muchos problemas
y no poder resolverlos!

¿Cuál es el colmo de una cocinera?
¡Que hasta el agua se le queme!

¿Cuál es el colmo de un soldador?
¡Tener un hijo soldado!

¿Cuál es el colmo de un jardinero?
¡Que su esposa lo deje plantado!

¿Cuál es el colmo de un balón?
¡Que lo ponchen sin ser beisbolista!

¿Cuál es el colmo de un camarón?
¡Que siempre lo inviten a un coctel!

¿Cuál es el colmo de Popeye?
¡Cocinar con aceite de Oliva!

¿Cuál es el colmo de un elefante?
¡No poder *chatear* por miedo al ratón
de la computadora!

¿Cuál es el colmo de un fotógrafo?
¡Que sus hijos se le rebelen!

¿Cuál es el colmo de un futbolista?
¡Vivir de la patada!

¿Cuál es el colmo de un peluquero?
¡Que siempre le tomen el pelo!

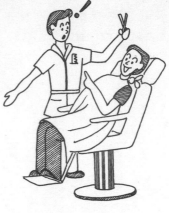

¿Cuál es el colmo de un fotógrafo?
¡Ser muy negativo!

¿Cuál es el colmo de un joyero?
¡No tener ningún hijo brillante!

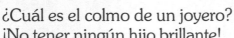

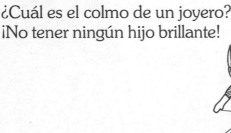

¿Cuál es el colmo del papá
de una niña destructiva?
¡Regalarle un reloj a su hija y
que lo destroce en segundos!

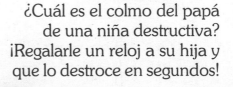

¿Cuál es el colmo de un pingüino?
¡Tener alas y no poder volar!

¿Cuál es el colmo de un pato?
¡Tener mala pata!

¿Cuál es el colmo de un abogado!
¡Perder el juicio!

¿Cuál es el colmo de un dentista?
¡Comer de los dientes de los demás!

¿Cuál es el colmo de un borrego?
¡Tener mucha lana y no podersela gastar!

¿Cuál es el colmo de un mago
de ésos de los que parten a
las mujeres en dos?
¡Tener sólo medias hermanas!

¿Cual es el colmo de un pato?
¡Meter siempre la pata!

¿Cuál es el colmo de un carpintero?
¡Apellidarse Meza y comer en el suelo!

# Tantanes

Era un hombre tan, tan,
pero tan distraído,
¡que un día se vistió de traje
para ir a la graduación
de sus lentes!

Era un vampiro tan, tan,
pero tan tonto, ¡que una vez
se subió a un tractor para
sembrar el pánico!

Era un lector de periódicos tan, tan,
pero tan tontín,
que ponía los periódicos en el refri,
¡para tener siempre noticias frescas!

Era un viajero tan, tan,
pero tan distraído,
que siempre llevaba tijeras consigo,
¡para cortar camino!

Era una temporada tan, tan,
pero tan seca, ¡que hasta las
vacas daban leche en polvo!

Era una reina de un cuento tan, tan,
pero tan bajita,
¡que sus súbditos en lugar de decirle
"su alteza" le decían "su bajeza"!

Era una señora que se creía
tan, tan, tan, ¡que un día la
pusieron de campana!

Era un señor tan, tan, pero
tan rico y tan, tan, pero tan
limpio, ¡que siempre se bañaba de oro!

Era un señor tan, tan,
pero tan malo para las matemáticas,
¡que pensaba que la raíz cuadrada
se encontraba debajo de los árboles!

Era una señora tan, tan,
pero tan alta,
¡que los aviones
tuvieron que poner claxon
para no chocar con ella!

Era un señor tan, tan,
pero tan distraído,
que un día llegó en carro a su trabajo,
¡pero él no tenía carro!

Era un tipo tan, tan,
pero tan flojo,
que cuando le pidieron que dijera
"tres veces 33" dijo "99".

Era un señor tan, tan,
pero tan friolento,
¡que hasta a las patas de la mesa
les ponía medias!

Era una ciudad tan, tan,
pero tan pobre,
¡que los semáforos
eran en blanco y negro!

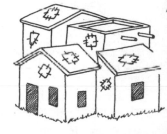

Era una señora tan, tan,
pero tan tacaña,
¡que ni siquiera
prestaba atención!

Era un perro tan, tan,
pero tan bravo, ¡que mordía
hasta a su propia lengua!

Era un señor tan, tan,
pero tan chiquito,
¡que cuando se sentaba
en una moneda de veinte centavos
le quedaban quince!

Era un señor tan, tan,
pero tan alto,
¡que tenía a todo
el mundo a sus pies!

Era un tipo tan, tan,
pero tan presumido,
¡que el día de su cumpleaños
felicitaba a sus papás!

# Índice

Este libro se terminó de imprimir
el 25 de mayo de 2010 en los talleres
de Swan Press, B-71, Naraina
Industrial Area, Phase-2, New Delhi,
India. La edición consta de 5,000
ejemplares.